LES

# MISSIONS PROTESTANTES

## A MADAGASCAR



PAR

PAUL MELON

Extrait de la *Revue Chrétienne*

DOLE
TYPOGRAPHIE L. BERNIN
1896

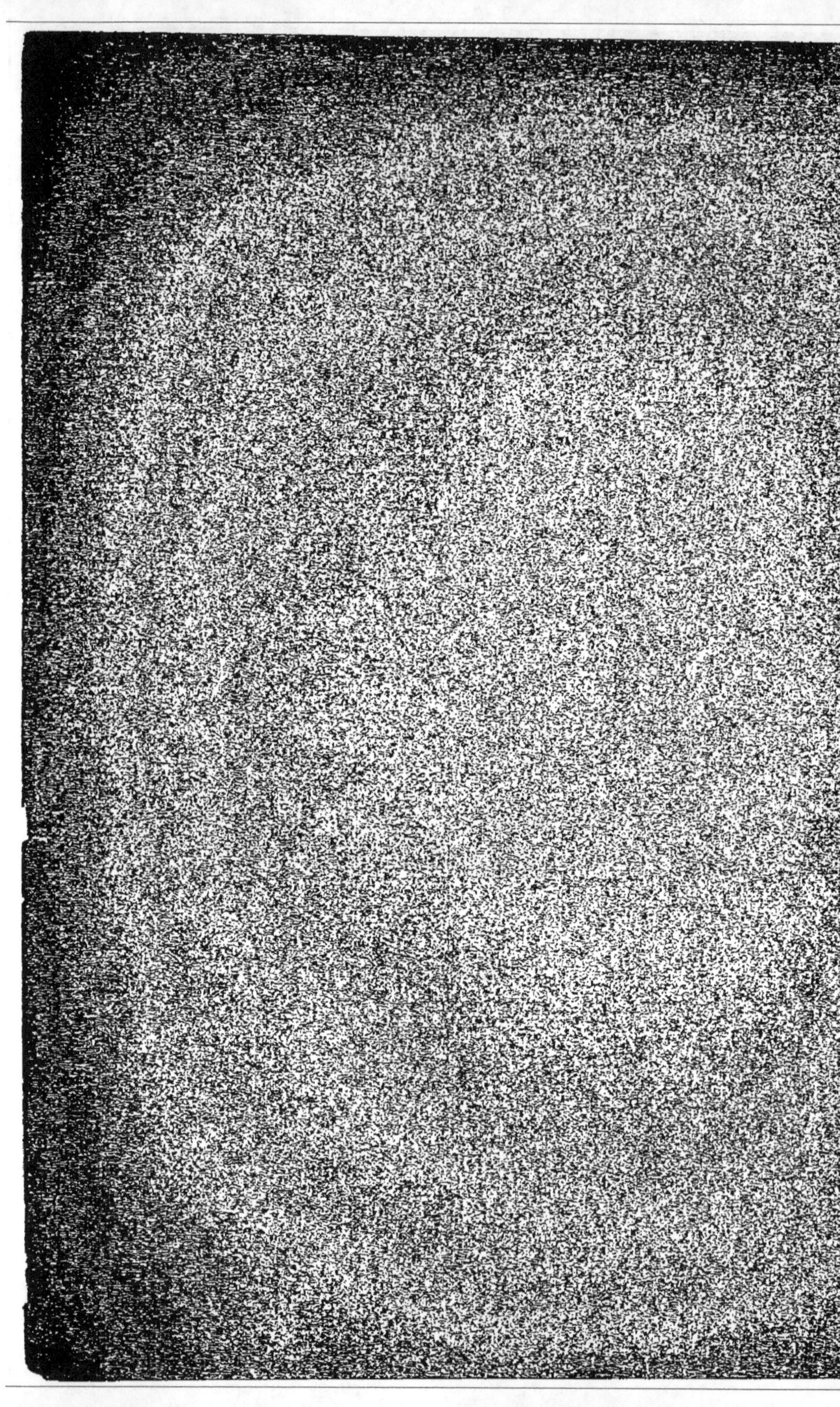

# LES MISSIONS PROTESTANTES

# A MADAGASCAR

LES

# MISSIONS PROTESTANTES

# A MADAGASCAR (1)



C'est en 1821 que les Missions anglaises firent leur première apparition. Je n'hésite pas à dire que leurs premiers essais d'évangélisation doivent se rattacher au plan beaucoup plus vaste et de caractère politique que j'ai indiqué d'une façon rapide, plus haut, et qui tendait à assurer à l'Angleterre la possession d'un point stratégique aussi important que Madagascar qui commandait alors la seule voie de communication entre l'Extrême-Orient et l'Europe ; c'est dans la logique des faits, c'est dans les traditions anglaises, et je ne trouve pour ma part dans ce concours prêté par les missionnaires rien de blâmable en soi. Plût au ciel même que nous eussions toujours, nous Français, fait preuve d'un pareil esprit de sagesse pratique et que nous eussions réservé, pour venir en aide à la politique de la patrie, les énergies que protestants et catholiques nous avons dilapidées dans tous les pays, pour le progrès de l'humanité, pour le bon renom de notre pays, je le veux bien, mais sans profit appréciable pour nous-mêmes ! D'ailleurs cette origine de l'œuvre des Missions à Madagascar n'a rien à voir avec l'œuvre de civilisation et de progrès qu'elles ont réellement accomplie et la seule question que nous ayons à envisager, nous Français, maîtres de Tananarive, c'est aujourd'hui de

(1) Ces lignes sont extraites d'une conférence faite au Cercle des étudiants, rue de Vaugirard.

voir ce qui a été fait et s'il y a intérêt pour nous à nous servir des forces qui ont été créées ou bien à les détruire.

Quoi qu'on puisse penser des dangers que peuvent offrir à notre domination les missionnaires nombreux qui depuis longtemps sont à l'œuvre sur les hauts plateaux, il y a un fait incontestable, et que personne ne peut nier, et ce fait c'est le service considérable qui a été rendu par eux à la cause du progrès et l'amélioration énorme qui a été introduite par suite dans la vie morale, intellectuelle et matérielle des indigènes. Poussés par l'esprit de secte, le fanatisme religieux, ou bien encore par des considérations électorales, députés et journalistes peuvent à qui mieux mieux déblatérer contre les Missions, ils ne feront pas que des hommes comme M. Grandidier, comme M. Gautier, comme nos officiers, ne rendent hommage à tout ce qui a été accompli en cinquante ans à Madagascar. Qu'un scepticisme élégant raille ceux qui, poussés par une force secrète, s'en vont parfois, au péril de leur vie, prêcher la morale de l'Evangile, il n'en reste pas moins acquis qu'une société chrétienne considérable a été créée, qu'un gouvernement régulier a été organisé, que des écoles en grand nombre ont été ouvertes, et enfin que Madagascar fait officiellement partie des pays vivant sous la loi de l'Evangile. Mais laissons là ces considérations générales, et, sans entrer dans des développements historiques, faisons la revue des forces que les Missions ont organisées, afin de pouvoir connaître la réponse à faire à la seconde question que j'ai posée plus haut.

C'est en 1820 que la *London Missionary Society* prit pied à Madagascar. Radama I^er^ était alors le roi de l'Emyrne ; c'était un homme de vingt-huit ans, intelligent, ambitieux et qui voulait compléter l'œuvre de conquête de son père en ouvrant son pays à la civilisation. Protégés par son gouvernement, les missionnaires s'installèrent et rendirent de grands services ; ils fixèrent d'abord la langue indigène en caractères latins, puis se mirent à évangéliser ; mais les temps n'étaient pas encore venus, et leur œuvre à peine ébauchée se trouva aussitôt compromise. Le roi mourut et une de ses femmes, Ranavalona, s'empara du pouvoir. Son avènement fut le signal de persécutions sanglantes ; les chrétiens poursuivis montèrent sur l'échafaud et les missionnaires durent abandonner en 1836 Madagascar. Ils ne revinrent qu'en 1861 ; la reine était morte, et son fils, Radama II, devenu chrétien depuis longtemps déjà, renoua le fil interrompu et rappela les missionnaires. Catholiques et protestants accoururent : les premiers sous la conduite du père Jouen, les autres envoyés par la Société de Londres. Pendant longtemps la partie sembla égale entre les deux grandes confessions chrétiennes et par suite entre les influences politiques de la France et de l'Angleterre. Nous avions alors à Tananarive deux hommes, MM. Lambert et Laborde, qui avaient su conquérir de l'autorité auprès du roi et avaient profité de leur crédit pour rendre le nom français aimé et respecté. D'une énergie infatigable, M. Laborde rendit d'inappréciables services au point de vue économique et industriel. Malheureusement le gouvernement impérial se montra faible ; il commit la faute de reconnaître au roi des Hovas le titre de roi de Madagascar, sous la réserve, il est vrai, des droits de la France, et bientôt la situation changea. La mort violente de Radama II marqua une nouvelle orientation dans les tendances du gouvernement malgache. Sa veuve, qui lui avait succédé, ne lui avait survécu que peu de temps, et Ranavalona II, dès son avènement au trône, en 1868, ayant embrassé, en compagnie de son premier ministre, le protestantisme, l'influence passa aux mains des missionnaires anglais. Un mouvement se dessina alors qui poussa la population au baptême. Ce fut un entraînement général : chacun voulut imiter la reine et faire profession de chrétien.

Je n'ai pas à discuter ici la qualité de ces conversions. La mode, la vanité et l'engouement y auraient-ils joué un rôle, ainsi qu'on l'a prétendu, et ainsi que semblent l'indiquer les efforts que firent les missionnaires pour ne pas se laisser submerger par ces flots de néophytes qui montraient tant de précipitation, qu'importe ? Outre que l'histoire nous apprend que bien souvent, dans tous les grands courants qui s'emparent des volontés et les inclinent, il y a bien des facteurs d'origine suspecte, la seule chose qui doive nous intéresser ici c'est le fait en lui-même et les conséquences qui en ont découlé.

Je vais donc vous indiquer les résultats pratiques que les Missions ont obtenus et les forces morales qu'elles ont organisées.

Lorsque Radama II ouvrit son pays aux influences extérieures, les catholiques voulurent profiter de l'occasion et entreprirent une œuvre d'évangélisation à Madagascar. Je n'en ferai pas l'historique, pas plus que je ne vous ferai celui des Missions protestantes. Je me contenterai de vous donner, dans les deux cas, les chiffres du bilan actuel.

Les missionnaires français sont au nombre de 114, à savoir 19 ecclésiastiques, dont un évêque, 19 frères chefs d'ateliers, constructeurs, 19 frères des Ecoles chrétiennes, 27 sœurs de Saint-Joseph, chargées, ainsi que les frères, de la direction des écoles à Tamatave, à Tananarive et à Fiananratsoa. L'œuvre a été interrompue pendant la guerre de 1883, mais trois ans après elle a recommencé et aujourd'hui la Mission peut montrer à son actif 600 écoles primaires, 9 écoles normales, un collège, un observatoire astronomique, qui possède la lunette qui a servi aux observations du passage de Vénus, une imprimerie qui fournit à la Mission sa provision d'ouvrages français, latins ou malgaches, et enfin une léproserie. La Mission a de plus construit à Tananarive une cathédrale d'un fort bel aspect, et a contribué largement au progrès de l'agriculture et de l'industrie ; elle a bâti des fabriques, elle a introduit des espèces nouvelles de végétaux, elle a enrichi l'île de cultures précieuses. Cette Mission est française, et, par suite, comme son action ne peut s'exercer que dans l'intérêt de notre pays, nous n'en parlerons pas davantage. Passons donc à celles qui sont aux mains des étrangers.

La Société des Missions de Londres, qui est soutenue par les Eglises indépendantes d'Angleterre et d'Ecosse, étant la plus ancienne à l'œuvre, est celle qui offre aussi les plus brillants résultats. A l'heure actuelle, elle compte 27 stations-maîtresses et 1 255 annexes ; elle est dirigée par 29 missionnaires anglais, 4 dames, 895 pasteurs indigènes et 4 298 évangélistes malgaches. Son autorité s'étend sur une population de plus de 250 000 individus, soit 50 000 chrétiens baptisés et 205 000 adhérents. En dehors de cette œuvre d'évangélisation, il y a une autre œuvre non moins importante, c'est celle de l'éducation. La *London Missionary Society* possède et dirige 893 écoles primaires, qui sont fréquentées par 66 348 enfants des deux sexes.

Voilà pour l'éducation populaire ; mais en outre la Mission s'est préoccupée de former le personnel qui est nécessaire pour alimenter cette large organisation, et dans ce but elle a créé des écoles normales et des écoles de théologie. Elle a un collège destiné aux pasteurs indigènes, où il y a 32 élèves ; une école normale avec un chiffre de 300 élèves en moyenne, une école supérieure de jeunes filles, dite Ecole centrale, et qui, en 1892, a compté jusqu'à 237 élèves inscrites; enfin une école dite Ecole du palais, où sont élevés les jeunes gens des familles nobles et les enfants des hautes classes. A propos de cette école, qu'il me soit permis de rappeler ici qu'en 1893, à la suite des démarches que j'avais entreprises à Londres, j'avais été assez heureux pour faire introduire l'étude du français dans les programmes. Je pensais qu'il fallait se hâter de faire prendre pied à Madagascar au français; et de plus j'estimais que l'étude de notre langue dans des écoles anglaises, et surtout dans l'école du palais, était un moyen de convaincre les indigènes qu'ils faisaient fausse route quand ils comptaient sur nos rivaux pour opposer des barrières au développement légitime de notre influence.

Et si vous regardez à l'intérieur de ces établissements, vous verrez que ce ne sont pas des apparences seulement que ces écoles et ces collèges, mais que les méthodes employées en font de véritables instruments de culture. Ainsi les directeurs du collège de théologie n'ont pas voulu seulement farcir la tête de leurs élèves de versets de la Bible plus ou moins bien confiés à la mémoire, mais développer l'intelligence et apprendre à penser; et pour cela ils ont créé toute une littérature malgache et écrit des ouvrages contenant des notions, non seulement sur la religion chrétienne, mais encore sur tout ce qui pouvait aider au développement intellectuel des indigènes. Aujourd'hui la bibliothèque d'un étudiant du collège de théologie se compose : de livres de théologie, de théologie systématique, de théologie naturelle, d'éléments de logique, de géographie physique, d'astronomie, d'herméneutique scripturaire, de mathématiques, d'histoire de Rome, d'histoire de Grèce, d'histoire d'Angleterre, d'histoire de Madagascar, de géométrie, d'algèbre, d'histoire ecclésiastique, de botanique, de chimie, etc., etc. C'est un programme complet. Les étudiants mettent quatre ans à le parcourir, et même cinq quand ils y ajoutent quelques connaissances médicales.

Je ne parcourrai pas ainsi tous les programmes, mais, par ce qui vient d'être dit, on peut voir sur quelle base sérieuse est établie l'œuvre d'éducation de la Mission.

Quelque considérable que soit le rôle de la *London Missio-*

*nary Society,* elle n'est pas la seule cependant, et tout de suite, au second rang, il convient de citer la Société des Amis ou des Quakers. Moins nombreux, moins puissants, leur œuvre d'évangélisation n'est pas à comparer avec celle de la *London Society,* car elle ne compte que 12 missionnaires, 139 Eglises indigènes, avec 18 000 membres ou adhérents, 404 prédicateurs indigènes et 14 862 écoliers ; mais elle se place au premier rang sur le terrain de la philanthropie. Les quakers, qui sont connus pour leurs principes de charité, possèdent à Tananarive une Mission médicale, qui se fait en collaboration avec les autres Missions. L'œuvre est très considérable : elle se divise en plusieurs sections ; la première comprend six dispensaires médicaux et une léproserie ; la seconde, celle du service extérieur, consiste en un magnifique hôpital. Le nombre des malades soignés en 1891 a été de 617. A l'hôpital est de plus rattachée une école de médecine, destinée à former des maîtres et des gardes-malades malgaches.

Et ce qui montre bien les progrès accomplis dans la grande île, c'est que le professorat médical compte aujourd'hui des indigènes et, parmi eux, M. le docteur Ralarosi, qui a été un des premiers membres de l'Académie de médecine créée à Tananarive. En 1890, 488 malades ont été soignés à l'hôpital, et 3 627 visites ont été faites par les membres du corps enseignant. L'addition globale de tous les cas de maladie traités suivant les règles de l'art, soit à Tananarive, soit dans les dispensaires situés en dehors, donne un chiffre de 7 482.

Les quakers, venus en 1869, avaient été précédés en 1864 par la Société de la propagation de l'Evangile. Bien qu'elle soit inféodée au parti de la haute Eglise ou de l'Eglise ritualiste d'Angleterre, et par conséquent qu'elle ne soit pas gênée dans son essor par le manque de ressources, elle occupe le dernier rang. Elle entretient un évêque, installé à Tananarive, 27 pasteurs, dont 9 Européens, 72 écoles, et compte près de 10 000 fidèles.

Plus importante et plus attachante à tous égards est l'œuvre des Missions norvégiennes, tant par les services que nos amis du Nord peuvent être appelés à rendre à la cause française, par le fait de leur neutralité politique, que par l'intérêt qui s'attache à tout effort considérable, fait d'une façon désintéressée et seulement pour servir la cause de la civilisation.

J'ai eu le plaisir d'aller visiter à Stavanger le siège de la

Société. J'ai vu sa forte et solide organisation, sa puissance de rayonnement ; j'ai appris à connaître l'étendue des ressources morales et matérielles que lui fournit cette forte et mâle population de 2 000 000 d'individus ; et, ému par le spectacle de tant de labeur et de tant de foi mis au service d'une si sainte cause, je suis revenu plus convaincu que jamais qu'il y avait un intérêt national, un intérêt français, à garantir à ce vaillant petit peuple la liberté de continuer une œuvre qui lui tient à cœur, et qui lui importe d'autant plus que par elle il prend conscience de son rôle, comme agent de civilisation et de progrès. La Mission norvégienne, installée au pays des Betsileos, est fortement organisée ; elle a un budget de 500 000 fr. environ, quêtés parmi les populations rurales de la presqu'île scandinave, et travaille surtout à relever le niveau intellectuel et religieux du pays malgache. Créée en 1867, elle possède déjà une école de théologie, une école normale pour les instituteurs, une Faculté de médecine, un hôpital, un asile de lépreux, une école primaire supérieure, une école pour enfants missionnaires, une imprimerie, un journal, 454 écoles primaires avec une population de 28 405 écoliers, des écoles ménagères, une polyclinique, un sanatorium, etc. Sur le terrain religieux, elle dirige 460 communautés indigènes et une population de 80 000 individus.

Si vous faites le total de toutes ces forces protestantes, vous arrivez à un chiffre considérable : près de 2 000 écoles, 120 000 écoliers, 6 000 pasteurs indigènes, près de 4 à 500 000 chrétiens, et si vous réfléchissez que parmi les adhérents des Missions il faut compter la reine, les ministres, tous ceux qui sont gens d'influence par le rang social ou les fonctions administratives, vous apprécierez le rôle important que, grâce à des ressources qui certainement atteignent près d'un million et demi annuellement, les Missions protestantes ont joué, tant au point de vue moral qu'au point de vue de l'organisation des forces sociales.

Si vous tenez compte en plus de l'existence à Madagascar d'un clergé national protestant, qui a l'oreille des vaincus, puisqu'il en parle la langue et est de même race ; et ce clergé atteint un chiffre respectable, puisqu'il compte 200 pasteurs, 120 évangélistes et qu'il a organisé 200 congrégations, composées de 80 000 membres, et 200 écoles fréquentées par 13 000 écoliers ;

si par l'étude du détail de l'organisation, vous remarquez combien les différentes parties s'emboîtent bien les unes dans les autres, combien tout y est judicieusement réglé et subordonné, de quelle façon pratique les ressources nécessaires du budget sont assurées, vous apprécierez la force considérable que le protestantisme représente à Madagascar et par suite l'intérêt qu'il y a à le ménager ou tout au moins à bien se rendre compte de ce qu'il peut et de ce qu'il est, avant de pousser le cri de guerre : Sus aux Missions ! N'oubliez pas que si, grâce à la fermeté d'âme du général en chef, ce qui n'excluait chez lui ni la bienveillance ni la bonté, si grâce à l'intrépidité de nos soldats, l'œuvre de la conquête militaire est achevée, celle de la conquête morale est encore à faire ; or celle-là est la plus difficile, car, ce dont elle a à triompher, c'est ce qu'il y a de plus tenace et de plus résistant, ce sont les habitudes et les intérêts qui se liguent et s'arcboutent pour résister à une pression extérieure. Il ne faut pas croire que notre situation actuelle soit si dégagée de tout souci, que nous puissions agir à notre fantaisie, sans nous préoccuper des conséquences. Les mouvements que nous avons eu déjà à réprimer en province sont un indice que la pacification n'est pas complète ; et les gens de sens observent chez les classes supérieures des symptômes d'une rancune haineuse qui se contient, mais qui pourtant pourrait brusquement éclater, si on lui en donnait l'occasion. Quelle que soit la douceur de notre régime, il y aura des intérêts matériels ésés. Pour n'en citer qu'un exemple, pensez-vous que ce soit sans inquiétudes que les gens riches et influents malgaches envisagent la suppression de l'esclavage, mesure qui s'impose et que notre honneur national nous défend de différer trop longtemps ? Certainement non ; mais alors est-ce à nous d'accroître nos difficultés en inquiétant en même temps les intérêts et les consciences ?

De plus, il est incontestable, en dehors de toute préoccupation politique et en se plaçant seulement au point de vue de la cause du progrès, que les missionnaires en ont été des agents. Ecoutez ce que dit M. Gautier, dans la conférence qu'il a faite, il y a quelques semaines, à la Sorbonne :

« Chez les Hovas tels que je viens de les décrire, la prédication et surtout l'enseignement des missionnaires trouvent un terrain particulièrement favorable. De plus le gouvernement, reine ou premier ministre, a pris en main la cause de la civilisation. Il a imposé le christianisme. Une loi défend les pratiques du vieux fétichisme et impose à tous sujets de la reine de se rattacher à l'une quelconque des confessions religieuses. Les missionnaires ont donc eu la main libre, mieux que cela, ils ont été appuyés. Ils ont couvert le pays d'écoles où les élèves ont afflué. Depuis trente ans environ, l'instruction, les idées européennes ont fait des progrès énormes.

» Dans ces trois provinces sont disséminés 225 missionnaires, 225 dans cet étroit espace, et leur action s'y exerce depuis trente ans, vigoureusement appuyée par le bras séculier. Qu'on pense à la transformation qui a dû s'ensuivre. D'autant que l'action directe, immédiate du missionnaire blanc se multiplie par celle des maîtres indigènes qu'il a formés.

» Il existe quatre écoles normales primaires d'où sortent annuellement un certain nombre de maîtres d'écoles malgaches, sachant bien lire et écrire, possédant quelques rudiments de nos sciences et d'une langue européenne.

» Le nombre de ces maîtres en exercice est d'ores et déjà de plus de 8 000. Plus de 8 000 écoles dans les trois provinces de Madagascar. Dans ces écoles passent annuellement plus de 100 000 élèves.

» C'est donc par centaines de mille que se chiffrent les Hovas qui ont appris à lire et à écrire leur langue dans nos caractères latins.

» Il eût été inutile de leur apprendre à lire si on ne leur avait pas donné de livres.

» Il existe six imprimeries, d'où est sortie toute une littérature sacrée : traduction de la Bible, ouvrages de dévotion ; et toute une littérature classique : traités d'arithmétique, d'histoire, de géographie, tout cela, naturellement, en malgache.

» Il paraît un grand nombre de revues mensuelles ou trimestrielles. Quelques-unes même illustrées, comme le *Sakaiza ni Tanora (l'Ami de la jeunesse)*.

» Deux journaux paraissent en malgache.

» Enfin, des efforts considérables ont été faits, toute une organisation a été créée, et le résultat acquis est considérable.

» La sympathie, l'avidité avec laquelle les Hovas accueillent nos idées européennes est étonnante. Elle se traduit dans les plus petits détails. L'indigène abandonne de plus en plus son costume national qui lui va si bien, pour adopter notre costume, sous lequel il est grotesque. J'ai vu un haut fonctionnaire hova habillé les jours de gala en uniforme de rhétoricien du lycée de Bourbon. Les Hovas s'habituent à s'asseoir sur des chaises, à manger avec une fourchette. Ils seraient un exemple unique de peuple sauvage cherchant à s'assimiler nos mœurs, si le Japon n'existait pas.

» Ne concluons pas de là que nos troupes rencontreront à Madagascar une résistance analogue à celle que le Japon pourrait offrir.

» Mais il y a là une œuvre qu'il est de notre devoir de sauvegarder et de continuer. Il est inadmissible que tout cela s'effondre dans la tourmente qui va s'abattre sur Madagascar. »

Et l'on irait de gaieté de cœur détruire ces organismes éprouvés qui ont rendu de tels services, qui peuvent encore en rendre ! et pour satisfaire des passions, des ressentiments fanatiques, des haines et des appétits, réduire en poussière des forces qui travaillent à une cause qui est la nôtre ! Mais ce serait une véritable folie.

Peut-on oublier que ces missionnaires ont enrégimenté toutes les forces vives des Hovas et que par l'organisation solide qu'ils ont adoptée, ils exercent une influence puissante sur les âmes et les volontés ? Mais c'est précisément le péril, dira-t-on. Comment pourrons-nous posséder l'île, tant que la direction morale sera aux mains de rivaux et de compétiteurs ? Eh bien ! messieurs, je crois pour mon compte que ces craintes sont chimériques, car je tiens les Anglais pour gens trop avisés ou trop pratiques, pour essayer en 1896, ou après, ce qu'ils auraient pu faire dix ans auparavant dans de meilleures conditions et alors qu'il y avait à Tananarive un gouvernement de fait, qui était disposé, par crainte de la France, à servir leurs ambitions. Non, si les Anglais n'ont point profité de l'action de leurs missionnaires pour prendre notre place à Tananarive, c'est qu'ils n'en avaient aucune envie — Madagascar n'est plus un point stratégique, depuis le percement de l'isthme de Suez, et ils s'en sont désintéressés — et je ne suis pas le seul à m'exprimer ainsi.

Je vous demande la permission de citer encore la brochure de M. Gautier.

Après avoir établi l'influence des Missions protestantes à

Madagascar et s'être demandé s'il n'y a pas là un danger, il répond : « Je ne crois pas qu'il faille se l'exagérer. »

Faut-il supposer que les missionnaires de leur côté vont travailler dans un sens contraire à nos intérêts? Je ne le pense pas, d'abord parce qu'il dépend de notre gouvernement, sur ce point-là, de leur faire comprendre que la France ne saurait tolérer la moindre agitation, et en second lieu, parce que ce sont des hommes de sens. C'est une mauvaise méthode que de prêter à ses adversaires ou à ceux qui sont supposés tels des idées folles et contraires à la raison. Or, n'oublions pas que les missionnaires sont avant tout des hommes qui se croient appelés à faire une œuvre très déterminée et qu'à Madagascar ils ne peuvent l'accomplir qu'autant qu'ils pourront compter complètement sur la bienveillance, tout au moins sur la neutralité du gouvernement. La raison de l'intérêt bien entendu suffit donc à dicter leur conduite. D'ailleurs il n'y a pas que des Anglais parmi les missionnaires. Il y a les Norvégiens et ceux-ci peuvent-ils être suspects et abriter des pensées de derrière la tête ?

La conclusion de tout ceci c'est qu'il faut établir à Madagascar un régime de liberté bienveillante pour tout le monde et pour tous les missionnaires.

Chacun agira suivant ses ressources et suivant ses intérêts. Si, comme des faits probants l'établissent, le protestantisme a vraiment poussé de profondes racines, il n'a rien à craindre de la concurrence dont on le menace ; si au contraire c'était moins pour répondre à un appel d'en haut que pour suivre une mode que l'indigène fréquentait les églises chrétiennes, il n'y aura pas à regretter des défections provoquées par l'intérêt.

Le catholicisme, de son côté, se trouvant sur un pied d'égalité, n'aura pas non plus à se plaindre, il ne pourra plus dire que si les indigènes ne fréquentent pas ses écoles, c'est parce que la loi et le gouvernement les en empêchent, et cessera, se servant de ces généralisations hâtives qui parfois nous font tant de mal, de confondre Anglais et protestant, Français et catholique, et d'opposer les uns aux autres.

En parlant comme je viens de le faire, je ne saurais être suspect ; dans toutes ces appréciations de politique extérieure, je ne me suis jamais laissé guider que par ce que je crois être l'intérêt supérieur de notre pays. Et de même qu'il y a quinze ans environ, en Tunisie, alors qu'il s'agissait, en utilisant les éléments catholiques que fournissaient les populations maltaises et italiennes établies à Tunis, de lutter contre l'influence italienne, vulnérable seulement alors sur le terrain de l'Eglise et de l'école, j'estimais que c'était de notre devoir, à nous protestants français, d'aider dans la mesure de nos forces le cardinal Lavigerie dans l'œuvre patriotique qu'il avait entreprise, et qui a servi si puissamment l'action de nos administrateurs, de même j'estime aujourd'hui que les catholiques français feront bien de suivre l'exemple de large tolérance qui leur a été donné par quelques-uns d'entre eux et pas des moindres. Il s'agit pour nous tous, enfants d'une même patrie, et qui ne pouvons avoir au cœur qu'une seule passion, de gagner et d'enchaîner les volontés de 6 à 7 millions d'individus, de faire accepter un nouveau régime, de calmer les appréhensions que font naître les changements. Irons-nous compromettre l'avenir par faiblesse et fournir un prétexte à des agitations d'autant plus dangereuses qu'elles se produiraient sur un terrain hors de notre atteinte administrative ?

Si un doute pouvait encore nous rester sur la conduite à tenir, nous n'aurions qu'à relire, pour éclairer notre religion, les conseils qui nous étaient donnés au commencement de la campagne. Que nous disait donc une des feuilles officieuses de M. de Bismarck, au mois de septembre 1894 ? mais précisément de déclarer la guerre au protestantisme.

« Les habitants de Madagascar ne sont pas de vulgaires nègres, et délivrés de la pression politique dont l'Angleterre fait le premier des devoirs de ses missionnaires, les Malgaches pourraient choisir eux-mêmes celle des deux religions qui leur plaît le plus. Le prétendu christianisme importé par les missionnaires anglais à Madagascar étant de nature bien inférieure, il est inadmissible que la communauté de religion entre l'Angleterre et l'Allemagne puisse nous faire prendre parti pour les intrigues de l'Angleterre. »

Comme M. de Bismarck, que je sache, n'a jamais passé pour un homme qui désirât passionnément la prospérité de notre pays, ne semble-t-il pas que l'étrangeté de ce langage soit de nature à nous faire réfléchir et à nous faire éviter le piège où l'on serait si heureux de nous voir tomber ? Je sais bien que ceux qui sont chargés chez nous des responsabilités du pouvoir sont résolus à pratiquer la plus large tolérance vis-à-vis de tous les cultes, et qu'aucun péril immédiat n'est à craindre. Malheureusement, l'opinion et la politique qui en dépend sont soumises aujourd'hui à de brusques fluctuations. Nous ignorons de quoi demain sera fait et il n'est pas sûr que l'improbable ne se réalise pas un jour ou l'autre.

Voilà pourquoi il faut se mettre en garde contre les passions de ceux qui ne craindraient pas de greffer une question religieuse sur une question politique ou d'inquiéter des âmes au risque de les pousser dans la conspiration, sinon ouverte, du moins latente, pour satisfaire des préjugés et des rancunes de sacristie.

---

DOLE. — TYPOGRAPHIE BERNIN.

189

www.ingramcontent.com/pod-product-compliance
Lightning Source LLC
LaVergne TN
LVHW010314230826
846091LV00009B/3657

* 9 7 8 2 0 1 9 2 3 0 5 7 9 *